50 Food of Morocco Dishes for Home

By: Kelly Johnson

Table of Contents

- Tagine
- Couscous
- Harira (Moroccan Soup)
- Pastilla
- Mechoui (Roast Lamb)
- Zaalouk (Eggplant Salad)
- B'stilla (Savory Pie)
- Mrouzia (Lamb Tagine with Raisins and Almonds)
- Chicken Tagine with Preserved Lemons and Olives
- Briouats (Phyllo Pastry with Meat)
- Khobz (Moroccan Bread)
- Taktouka (Tomato and Pepper Salad)
- Rfissa (Chicken with Lentils and Flatbread)
- Makouda (Potato Fritters)
- Lamb Kebabs
- Loubia (Moroccan White Bean Stew)
- Seffa (Sweet Vermicelli with Almonds)
- Fassi Lamb
- Sfenj (Moroccan Donuts)
- Tanjia (Marrakech-style Lamb Stew)
- Bissara (Fava Bean Soup)
- M'hammer (Chicken with Spices)
- R'fissa (Moroccan Stew with Lentils)
- Jben (Moroccan Cheese)
- Kefta (Moroccan Meatballs)
- Hummus with Moroccan Spices
- Mezze Platter
- Salsify Salad
- Ghoriba (Moroccan Biscuits)
- Couscous with Vegetables
- Chicken Bastilla
- Chakchouka (Eggplant and Tomato Stew)
- Lamb Tagine with Prunes
- Fatteh (Layered Bread with Yogurt and Chickpeas)
- Tagine with Fish and Vegetables

- Salade Marocaine (Moroccan Salad)
- Tabbouleh
- Harcha (Semolina Flatbread)
- Couscous with Lamb and Vegetables
- Moroccan Chicken Stew
- Makroud (Date-filled Semolina Pastry)
- Fish Tagine with Tomatoes and Spices
- Shakshuka (Eggs in Spicy Tomato Sauce)
- Moroccan Meat Pie
- Pigeon Pastilla
- Mint Tea (Moroccan Style)
- Baked Sweet Potatoes with Honey and Cinnamon
- Couscous with Chicken and Carrots
- Olive Salad
- Moroccan Lentil Soup

Tagine

Ingredients:

- **Meat** (lamb, chicken, or beef)
- **Onion** (chopped)
- **Garlic** (minced)
- **Cumin powder**
- **Coriander powder**
- **Paprika**
- **Turmeric powder**
- **Cinnamon stick**
- **Olives**
- **Preserved lemons**
- **Tomatoes** (chopped)
- **Cilantro** (chopped)
- **Water or broth**
- **Olive oil**

Instructions:

1. **Prepare the Tagine:**
   - Heat olive oil in a tagine or large pot, sauté onions and garlic until fragrant.
   - Add the meat, spices, and cinnamon stick. Brown the meat on all sides.
2. **Cook the Tagine:**
   - Add tomatoes, olives, preserved lemons, and water or broth. Cover and simmer for 1-2 hours until the meat is tender.
3. **Serve:**
   - Garnish with fresh cilantro and serve with couscous.

Couscous

Ingredients:

- Couscous
- Water
- Olive oil or butter
- Salt

Instructions:

1. **Prepare the Couscous:**

    - In a pot, bring water to a boil with a pinch of salt and a tablespoon of olive oil or butter.
    - Add the couscous, stir, and cover. Remove from heat and let it steam for about 5 minutes.

2. **Fluff and Serve:**

    - Fluff the couscous with a fork before serving. You can serve it as a base for tagine or stew.

Harira (Moroccan Soup)

Ingredients:

- **Lamb or beef** (cubed)
- **Chickpeas** (soaked)
- **Tomatoes** (chopped)
- **Onion** (chopped)
- **Celery** (chopped)
- **Coriander** (chopped)
- **Parsley** (chopped)
- **Lentils**
- **Ginger**
- **Cumin powder**
- **Turmeric powder**
- **Cinnamon**
- **Olive oil**
- **Vermicelli noodles**
- **Lemon juice**
- **Water or broth**

Instructions:

1. **Prepare the Soup:**
   - Heat olive oil in a large pot. Sauté onions, celery, and garlic until softened.
   - Add lamb, spices, and cook for 5-10 minutes.
2. **Add Broth and Beans:**
   - Add chopped tomatoes, chickpeas, lentils, and water or broth. Let it simmer for 1-2 hours until the meat is tender and chickpeas are cooked.
3. **Final Touches:**
   - Add vermicelli noodles, parsley, and cilantro. Cook for another 10 minutes.
   - Add lemon juice to taste and serve.

Pastilla

Ingredients:

- **Chicken** (cooked and shredded)
- **Onion** (chopped)
- **Almonds** (toasted)
- **Cinnamon powder**
- **Sugar**
- **Parsley and cilantro** (chopped)
- **Phyllo pastry**
- **Butter**
- **Eggs**
- **Saffron**
- **Salt and pepper**

Instructions:

1. **Prepare the Filling:**

    - Sauté onions in butter until softened. Add shredded chicken, cinnamon, sugar, saffron, and herbs. Cook for a few minutes until fragrant.

2. **Assemble the Pastilla:**

    - Lay phyllo sheets in a baking dish, brushing each layer with melted butter. Add the chicken filling and top with toasted almonds.
    - Beat eggs and pour over the chicken mixture. Fold the phyllo pastry over the filling.

3. **Bake:**

    - Bake at 375°F (190°C) for 20-25 minutes until golden and crispy. Dust with powdered sugar and cinnamon.

Mechoui (Roast Lamb)

Ingredients:

- **Whole lamb** (shoulder or leg)
- **Garlic** (minced)
- **Cumin powder**
- **Paprika**
- **Coriander powder**
- **Turmeric powder**
- **Salt and pepper**
- **Olive oil**
- **Lemon juice**

Instructions:

1. **Prepare the Marinade:**

   - Mix olive oil, garlic, cumin, paprika, coriander, turmeric, salt, and pepper. Rub this mixture all over the lamb.

2. **Roast the Lamb:**

   - Preheat the oven to 350°F (175°C). Roast the lamb for 1.5-2 hours until tender, basting occasionally with the marinade.

3. **Serve:**

   - Let the lamb rest before serving, and garnish with fresh herbs.

Zaalouk (Eggplant Salad)

Ingredients:

- **Eggplants** (peeled and chopped)
- **Tomatoes** (chopped)
- **Garlic** (minced)
- **Cumin powder**
- **Paprika**
- **Olive oil**
- **Parsley** (chopped)
- **Lemon juice**
- **Salt and pepper**

Instructions:

1. **Prepare the Salad:**

    - Heat olive oil in a pan, sauté garlic and chopped eggplant until softened.
    - Add tomatoes, cumin, paprika, salt, and pepper. Simmer for 15-20 minutes until the mixture thickens.

2. **Serve:**

    - Stir in fresh parsley and lemon juice. Serve warm or cold with bread.

B'stilla (Savory Pie)

Ingredients:

- **Chicken or pigeon** (cooked and shredded)
- **Onion** (chopped)
- **Almonds** (toasted and chopped)
- **Phyllo pastry**
- **Cinnamon powder**
- **Sugar**
- **Eggs**
- **Saffron**
- **Salt and pepper**
- **Butter**

Instructions:

1. **Prepare the Filling:**

   - Sauté onions in butter, then add shredded chicken and cook for a few minutes. Add cinnamon, saffron, salt, and pepper.

2. **Assemble the B'stilla:**

   - Layer phyllo pastry in a baking dish, brushing each layer with butter. Add the chicken filling and top with chopped almonds and eggs.

3. **Bake:**

   - Bake at 375°F (190°C) for 20 minutes. Dust with powdered sugar and cinnamon before serving.

Mrouzia (Lamb Tagine with Raisins and Almonds)

Ingredients:

- **Lamb** (cubed)
- **Raisins**
- **Almonds** (toasted)
- **Cinnamon stick**
- **Honey**
- **Ginger**
- **Cumin powder**
- **Coriander powder**
- **Turmeric powder**
- **Olive oil**

Instructions:

1. **Prepare the Tagine:**

   - Sauté lamb in olive oil with ginger and spices. Add cinnamon, raisins, and honey.

2. **Cook the Tagine:**

   - Cover and simmer for 1-2 hours until the lamb is tender. Garnish with toasted almonds.

3. **Serve:**

   - Serve hot with couscous.

Chicken Tagine with Preserved Lemons and Olives

Ingredients:

- **Chicken** (cut into pieces)
- **Onions** (chopped)
- **Garlic** (minced)
- **Preserved lemons**
- **Green olives**
- **Cinnamon**
- **Cumin powder**
- **Coriander powder**
- **Turmeric powder**
- **Olive oil**

Instructions:

1. **Prepare the Tagine:**

    - Sauté onions and garlic in olive oil. Add chicken and brown on all sides.

2. **Cook the Tagine:**

    - Add preserved lemons, olives, and spices. Cover and cook for 1-2 hours until the chicken is tender.

3. **Serve:**

    - Garnish with cilantro and serve with couscous.

Briouats (Phyllo Pastry with Meat)

Ingredients:

- **Ground meat** (beef, lamb, or chicken)
- **Onion** (chopped)
- **Garlic** (minced)
- **Cumin powder**
- **Coriander powder**
- **Cinnamon powder**
- **Parsley** (chopped)
- **Phyllo pastry**
- **Butter** (melted)

Instructions:

1. **Prepare the Filling:**

    - Sauté ground meat with onions, garlic, spices, and herbs. Cook until browned and fully cooked.

2. **Assemble the Briouats:**

    - Cut phyllo pastry into strips, fill with the meat mixture, and fold into triangles. Brush with butter.

3. **Fry the Briouats:**

    - Fry in hot oil until golden brown and crispy.

Khobz (Moroccan Bread)

Ingredients:

- Flour
- Yeast
- Salt
- Sugar
- Water
- Olive oil

Instructions:

1. **Prepare the Dough:**

    - Mix flour, yeast, sugar, salt, olive oil, and water to make a dough. Knead until smooth.

2. **Let the Dough Rise:**

    - Let the dough rise for about 1 hour. Shape it into a round loaf.

3. **Bake:**

    - Preheat the oven to 375°F (190°C). Bake for 20-25 minutes until golden.

Taktouka (Tomato and Pepper Salad)

Ingredients:

- **Tomatoes** (chopped)
- **Bell peppers** (red and green, chopped)
- **Garlic** (minced)
- **Olive oil**
- **Cumin powder**
- **Paprika**
- **Parsley** (chopped)
- **Salt and pepper**
- **Lemon juice**

Instructions:

1. **Prepare the Salad:**

   - Roast the peppers over an open flame or grill until the skin is blackened. Peel off the skin and chop the peppers.
   - In a pan, heat olive oil, sauté garlic, and add chopped tomatoes and peppers. Cook for 10 minutes until soft.

2. **Season the Salad:**

   - Add cumin, paprika, salt, pepper, and lemon juice. Stir in chopped parsley.

3. **Serve:**

   - Serve warm or cold as a side dish.

Rfissa (Chicken with Lentils and Flatbread)

Ingredients:

- **Chicken** (whole or parts)
- **Lentils** (soaked)
- **Onions** (chopped)
- **Garlic** (minced)
- **Ginger powder**
- **Turmeric powder**
- **Cinnamon**
- **Coriander**
- **Flatbread** (Tajine-style or msemen)
- **Chicken broth**
- **Olive oil**
- **Salt and pepper**

Instructions:

1. **Cook the Chicken:**
   - Heat olive oil in a pot and sauté onions and garlic. Add the chicken and brown on all sides. Add the spices and cook for 5 minutes.
2. **Add the Lentils:**
   - Add lentils, cinnamon, turmeric, coriander, and chicken broth. Cook for about 45 minutes, until the chicken and lentils are tender.
3. **Serve:**
   - Tear the flatbread into pieces and place at the bottom of a large bowl. Pour the chicken and lentils mixture over the bread and serve.

Makouda (Potato Fritters)

Ingredients:

- **Potatoes** (peeled and boiled)
- **Garlic** (minced)
- **Parsley** (chopped)
- **Cilantro** (chopped)
- **Cumin powder**
- **Paprika**
- **Flour**
- **Egg**
- **Salt and pepper**
- **Oil for frying**

Instructions:

1. **Prepare the Fritter Mixture:**
   - Mash the boiled potatoes and mix with garlic, parsley, cilantro, cumin, paprika, flour, and egg. Season with salt and pepper.
2. **Fry the Makouda:**
   - Heat oil in a pan. Shape the potato mixture into small patties and fry until golden brown.
3. **Serve:**
   - Drain the fritters on paper towels and serve with a dipping sauce or as a side dish.

Lamb Kebabs

Ingredients:

- **Lamb** (cubed)
- **Garlic** (minced)
- **Cumin powder**
- **Paprika**
- **Turmeric powder**
- **Olive oil**
- **Lemon juice**
- **Parsley** (chopped)
- **Salt and pepper**
- **Wooden skewers**

Instructions:

1. **Marinate the Lamb:**

    - Mix olive oil, lemon juice, garlic, cumin, paprika, turmeric, salt, and pepper. Add lamb cubes and marinate for at least 2 hours.

2. **Prepare the Kebabs:**

    - Thread the lamb cubes onto wooden skewers.

3. **Grill the Kebabs:**

    - Grill the kebabs on medium-high heat for 8-10 minutes, turning occasionally until cooked through.

4. **Serve:**

    - Garnish with parsley and serve with couscous or salad.

Loubia (Moroccan White Bean Stew)

Ingredients:

- **White beans** (soaked)
- **Tomatoes** (chopped)
- **Onions** (chopped)
- **Garlic** (minced)
- **Cumin powder**
- **Paprika**
- **Cinnamon stick**
- **Olive oil**
- **Salt and pepper**
- **Fresh parsley** (chopped)

Instructions:

1. **Prepare the Stew:**

    - Heat olive oil in a pot, sauté onions and garlic until softened. Add tomatoes, cumin, paprika, and cinnamon stick. Cook for 5 minutes.

2. **Cook the Beans:**

    - Add the soaked beans and enough water to cover. Simmer for 45 minutes to an hour until beans are tender.

3. **Serve:**

    - Garnish with chopped parsley and serve with warm bread.

Seffa (Sweet Vermicelli with Almonds)

Ingredients:

- **Vermicelli noodles** (cooked)
- **Butter**
- **Powdered sugar**
- **Cinnamon**
- **Almonds** (toasted and chopped)
- **Raisins** (optional)
- **Orange blossom water** (optional)

Instructions:

1. **Cook the Vermicelli:**

    - Cook the vermicelli according to package instructions, then drain.

2. **Prepare the Sweet Mixture:**

    - In a pan, melt butter and stir in the cooked vermicelli. Add powdered sugar and cinnamon. Mix well until evenly coated.

3. **Serve:**

    - Plate the vermicelli, sprinkle with chopped almonds and raisins, and drizzle with orange blossom water (optional). Serve warm.

Fassi Lamb

Ingredients:

- **Lamb** (shoulder or leg)
- **Garlic** (minced)
- **Cinnamon stick**
- **Cumin powder**
- **Ginger powder**
- **Coriander powder**
- **Saffron**
- **Onions** (chopped)
- **Tomatoes** (chopped)
- **Olives**
- **Preserved lemons**

Instructions:

1. **Prepare the Lamb:**
   - Season the lamb with garlic, cinnamon, cumin, ginger, coriander, and saffron. Let it marinate for at least an hour.
2. **Cook the Lamb:**
   - In a tagine or large pot, sauté onions, add lamb, tomatoes, olives, and preserved lemons. Cover and simmer for 1.5-2 hours until the lamb is tender.
3. **Serve:**
   - Serve the lamb with couscous or bread.

Sfenj (Moroccan Donuts)

Ingredients:

- Flour
- Yeast
- Sugar
- Salt
- Water
- Frying oil

Instructions:

1. **Prepare the Dough:**

    - Mix flour, yeast, sugar, salt, and water to form a sticky dough. Let it rise for about 1 hour.

2. **Shape and Fry:**

    - Heat oil in a deep pan. Wet your hands and shape the dough into rings. Fry the donuts until golden brown and crispy.

3. **Serve:**

    - Dust with powdered sugar and serve warm.

Tanjia (Marrakech-style Lamb Stew)

Ingredients:

- **Lamb** (shoulder or shank)
- **Onion** (chopped)
- **Garlic** (minced)
- **Cumin powder**
- **Paprika**
- **Coriander powder**
- **Cinnamon stick**
- **Olives**
- **Preserved lemons**
- **Saffron**
- **Olive oil**
- **Water**

Instructions:

1. **Prepare the Stew:**

    - In a tagine or Dutch oven, sauté onions and garlic in olive oil. Add lamb, spices, olives, and preserved lemons.

2. **Simmer:**

    - Add water and saffron. Cover and simmer for 2 hours until the lamb is tender.

3. **Serve:**

    - Serve the stew with couscous or bread.

Bissara (Fava Bean Soup)

Ingredients:

- **Fava beans** (soaked)
- **Onion** (chopped)
- **Garlic** (minced)
- **Cumin powder**
- **Paprika**
- **Olive oil**
- **Lemon juice**
- **Parsley** (chopped)
- **Salt and pepper**

Instructions:

1. **Prepare the Soup:**

    - In a pot, sauté onions and garlic in olive oil. Add soaked fava beans, cumin, paprika, and water. Simmer for 45 minutes.

2. **Blend the Soup:**

    - Use an immersion blender to purée the soup until smooth. Season with salt, pepper, and lemon juice.

3. **Serve:**

    - Garnish with parsley and serve with warm bread.

M'hammer (Chicken with Spices)

Ingredients:

- **Whole chicken** (cut into pieces)
- **Onions** (chopped)
- **Garlic** (minced)
- **Cumin powder**
- **Coriander powder**
- **Paprika**
- **Ginger powder**
- **Turmeric**
- **Saffron threads** (soaked in water)
- **Olive oil**
- **Lemon juice**
- **Cilantro** (chopped)
- **Salt and pepper**

Instructions:

1. **Prepare the Chicken:**

    - In a bowl, combine cumin, coriander, paprika, ginger, turmeric, saffron water, olive oil, salt, and pepper. Rub the mixture over the chicken pieces.

2. **Cook the Chicken:**

    - Heat olive oil in a large pot, sauté onions and garlic until soft. Add the marinated chicken and cook until browned on all sides. Add water to cover the chicken and simmer for 45 minutes.

3. **Serve:**

    - Garnish with chopped cilantro and lemon juice. Serve with couscous or bread.

R'fissa (Moroccan Stew with Lentils)

Ingredients:

- **Whole chicken** (cut into pieces)
- **Lentils** (soaked)
- **Onions** (chopped)
- **Garlic** (minced)
- **Ginger powder**
- **Turmeric powder**
- **Cinnamon stick**
- **Olive oil**
- **Salt and pepper**
- **Flatbread** (Tajine-style or msemen)

Instructions:

1. **Cook the Chicken:**

    - In a large pot, heat olive oil and sauté onions and garlic until soft. Add the chicken and brown on all sides. Add ginger, turmeric, cinnamon, salt, and pepper. Cook for 5 minutes.

2. **Simmer the Stew:**

    - Add lentils and enough water to cover. Simmer for 1 hour, until the chicken and lentils are tender.

3. **Serve:**

    - Tear the flatbread into pieces and place in a serving bowl. Pour the chicken and lentil stew over the bread. Serve warm.

Jben (Moroccan Cheese)

Ingredients:

- **Whole milk**
- **Lemon juice** or **vinegar**
- **Salt**

Instructions:

1. **Prepare the Milk:**

    - Heat the milk in a saucepan over low heat until warm. Add lemon juice or vinegar and stir until the curds form.

2. **Strain the Cheese:**

    - Once the curds separate, strain the mixture through a cheesecloth or fine sieve. Press the curds to remove excess whey.

3. **Season and Serve:**

    - Mix the cheese with salt and let it set for a few hours in the fridge. Serve as a spread or side.

Kefta (Moroccan Meatballs)

Ingredients:

- **Ground beef or lamb**
- **Onion** (grated)
- **Parsley** (chopped)
- **Cilantro** (chopped)
- **Garlic** (minced)
- **Cumin powder**
- **Paprika**
- **Cinnamon**
- **Salt and pepper**
- **Olive oil**

Instructions:

1. **Prepare the Kefta:**

   - In a bowl, mix ground meat with grated onion, parsley, cilantro, garlic, cumin, paprika, cinnamon, salt, and pepper. Shape the mixture into small meatballs.

2. **Cook the Meatballs:**

   - Heat olive oil in a pan. Fry the meatballs until browned on all sides, about 8-10 minutes.

3. **Serve:**

   - Serve with bread or couscous and a side of salad.

Hummus with Moroccan Spices

Ingredients:

- **Chickpeas** (cooked)
- **Tahini** (sesame paste)
- **Garlic** (minced)
- **Olive oil**
- **Lemon juice**
- **Cumin powder**
- **Paprika**
- **Salt**
- **Cilantro** (for garnish)

Instructions:

1. **Blend the Hummus:**

    - In a food processor, blend chickpeas, tahini, garlic, olive oil, lemon juice, cumin, and paprika until smooth. Add salt to taste.

2. **Serve:**

    - Transfer the hummus to a serving bowl and garnish with cilantro. Serve with pita bread or vegetables.

Mezze Platter

Ingredients:

- **Hummus**
- **Baba ganoush**
- **Olives**
- **Falafel**
- **Pita bread**
- **Moroccan salads** (such as Taktouka and Zaalouk)
- **Stuffed grape leaves**
- **Feta cheese**

Instructions:

1. **Prepare the Dips:**

    - Prepare hummus, baba ganoush, and any Moroccan salads you like. Arrange them in small bowls.

2. **Assemble the Platter:**

    - Arrange the dips, olives, falafel, pita bread, stuffed grape leaves, and feta cheese on a large platter.

3. **Serve:**

    - Serve as an appetizer or light meal for sharing.

Salsify Salad

Ingredients:

- **Salsify** (peeled and boiled)
- **Lemon juice**
- **Olive oil**
- **Cumin powder**
- **Paprika**
- **Cilantro** (chopped)
- **Salt and pepper**

Instructions:

1. **Prepare the Salsify:**

    - Peel and boil the salsify until tender, about 15-20 minutes. Drain and cut into pieces.

2. **Make the Dressing:**

    - In a bowl, combine lemon juice, olive oil, cumin, paprika, salt, and pepper. Mix well.

3. **Serve:**

    - Toss the salsify with the dressing and cilantro. Serve as a side dish.

Ghoriba (Moroccan Biscuits)

Ingredients:

- **Flour**
- **Butter**
- **Sugar**
- **Baking powder**
- **Vanilla extract**
- **Almonds** (for topping)
- **Salt**

Instructions:

1. **Prepare the Dough:**
   - In a bowl, mix flour, baking powder, sugar, and salt. Add softened butter and vanilla extract. Knead the dough until smooth.
2. **Shape the Biscuits:**
   - Shape the dough into small balls and flatten slightly. Place an almond on top of each biscuit.
3. **Bake:**
   - Preheat the oven to 350°F (175°C). Place the biscuits on a baking sheet and bake for 15-20 minutes until golden brown.
4. **Serve:**
   - Let cool and serve with tea.

Couscous with Vegetables

Ingredients:

- **Couscous**
- **Carrots** (sliced)
- **Zucchini** (sliced)
- **Onions** (chopped)
- **Chickpeas** (cooked)
- **Raisins**
- **Olive oil**
- **Cumin powder**
- **Cinnamon**
- **Salt and pepper**

Instructions:

1. **Prepare the Couscous:**

    - Cook couscous according to package instructions.

2. **Cook the Vegetables:**

    - In a pan, sauté onions, carrots, zucchini, and chickpeas in olive oil. Add cumin, cinnamon, salt, and pepper. Cook for 10 minutes.

3. **Serve:**

    - Fluff the couscous and top with sautéed vegetables. Garnish with raisins and serve.

Chicken Bastilla

Ingredients:

- **Chicken** (whole or parts)
- **Onions** (chopped)
- **Garlic** (minced)
- **Ginger powder**
- **Cinnamon**
- **Saffron** (soaked)
- **Cilantro** (chopped)
- **Eggs**
- **Almonds** (toasted)
- **Phyllo pastry**
- **Butter**
- **Powdered sugar**
- **Salt and pepper**

Instructions:

1. **Cook the Chicken:**

    - In a pot, cook the chicken with onions, garlic, ginger, cinnamon, saffron, cilantro, and enough water to cover. Simmer until the chicken is tender.

2. **Prepare the Filling:**

    - Shred the chicken and mix with eggs, toasted almonds, and some of the cooking broth. Cook the mixture until the eggs set.

3. **Assemble the Bastilla:**

    - Brush phyllo pastry with melted butter. Layer it in a baking dish, adding the chicken mixture in between layers. Fold the pastry over and bake at 350°F (175°C) for 30 minutes.

4. **Serve:**

    - Dust with powdered sugar and serve warm.

Chakchouka (Eggplant and Tomato Stew)

Ingredients:

- **Eggplant** (chopped)
- **Tomatoes** (diced)
- **Onions** (chopped)
- **Garlic** (minced)
- **Olive oil**
- **Cumin powder**
- **Paprika**
- **Chili flakes** (optional)
- **Cilantro** (chopped)
- **Salt and pepper**

Instructions:

1. **Cook the Vegetables:**
   - Heat olive oil in a large pot and sauté onions and garlic until soft. Add eggplant and cook until tender.
2. **Prepare the Tomato Sauce:**
   - Add diced tomatoes, cumin, paprika, and chili flakes (if using). Simmer for 15-20 minutes until the tomatoes break down and the sauce thickens.
3. **Season:**
   - Season with salt and pepper to taste. Garnish with chopped cilantro.
4. **Serve:**
   - Serve hot with bread for dipping.

Lamb Tagine with Prunes

Ingredients:

- **Lamb** (cut into chunks)
- **Onions** (chopped)
- **Garlic** (minced)
- **Prunes** (soaked)
- **Cinnamon stick**
- **Ginger powder**
- **Cumin powder**
- **Turmeric powder**
- **Saffron** (soaked in water)
- **Olive oil**
- **Salt and pepper**
- **Cilantro** (chopped)

Instructions:

1. **Prepare the Lamb:**
    - Heat olive oil in a tagine or large pot and brown the lamb chunks on all sides. Remove and set aside.
2. **Cook the Base:**
    - In the same pot, sauté onions and garlic until soft. Add ginger, cumin, turmeric, and cinnamon stick, and cook for another 2 minutes.
3. **Simmer:**
    - Return the lamb to the pot. Add saffron water and enough water to cover the lamb. Simmer for 1 hour until the lamb is tender.
4. **Add the Prunes:**
    - Add the soaked prunes and cook for another 20 minutes.
5. **Serve:**
    - Garnish with chopped cilantro and serve with couscous.

Fatteh (Layered Bread with Yogurt and Chickpeas)

Ingredients:

- **Pita bread** (cut into pieces)
- **Yogurt** (plain)
- **Chickpeas** (cooked)
- **Garlic** (minced)
- **Tahini** (optional)
- **Cumin powder**
- **Paprika**
- **Olive oil**
- **Pine nuts** (toasted, for garnish)
- **Parsley** (chopped, for garnish)
- **Salt and pepper**

Instructions:

1. **Prepare the Bread:**

    - Toast or fry the pita bread pieces until crispy. Set aside.

2. **Prepare the Chickpeas:**

    - Heat olive oil in a pan, sauté garlic until fragrant, and add cooked chickpeas. Season with cumin, paprika, salt, and pepper.

3. **Assemble the Fatteh:**

    - In a serving dish, layer the crispy bread, chickpeas, and a layer of yogurt. Repeat the layers.

4. **Garnish:**

    - Drizzle with olive oil, sprinkle with pine nuts and chopped parsley.

5. **Serve:**

    - Serve immediately as a hearty appetizer or main dish.

Tagine with Fish and Vegetables

Ingredients:

- **Fish fillets** (such as cod or tilapia)
- **Carrots** (sliced)
- **Zucchini** (sliced)
- **Tomatoes** (diced)
- **Onions** (chopped)
- **Garlic** (minced)
- **Cumin powder**
- **Paprika**
- **Cilantro** (chopped)
- **Olives** (green or black)
- **Lemon** (sliced)
- **Olive oil**
- **Salt and pepper**

Instructions:

1. **Prepare the Vegetables:**

    - Heat olive oil in a tagine or large pot and sauté onions and garlic until soft. Add carrots and zucchini and cook for 5 minutes.

2. **Prepare the Fish:**

    - Season the fish fillets with cumin, paprika, salt, and pepper. Place the fillets on top of the vegetables in the pot.

3. **Simmer:**

    - Add diced tomatoes, olives, lemon slices, and a little water. Cover and simmer for 15-20 minutes until the fish is cooked through.

4. **Garnish:**

    - Garnish with chopped cilantro.

5. **Serve:**

    - Serve the fish tagine with couscous or bread.

Salade Marocaine (Moroccan Salad)

Ingredients:

- **Tomatoes** (diced)
- **Cucumbers** (diced)
- **Onions** (chopped)
- **Parsley** (chopped)
- **Cilantro** (chopped)
- **Olives** (green or black)
- **Lemon juice**
- **Olive oil**
- **Cumin powder**
- **Salt and pepper**

Instructions:

1. **Prepare the Salad:**

    - In a large bowl, combine tomatoes, cucumbers, onions, parsley, cilantro, and olives.

2. **Dress the Salad:**

    - In a small bowl, whisk together lemon juice, olive oil, cumin, salt, and pepper. Pour over the salad.

3. **Serve:**

    - Toss the salad and serve as a side dish.

Tabbouleh

Ingredients:

- **Parsley** (chopped)
- **Mint leaves** (chopped)
- **Tomatoes** (diced)
- **Cucumbers** (diced)
- **Bulgar wheat** (soaked)
- **Lemon juice**
- **Olive oil**
- **Salt and pepper**

Instructions:

1. **Prepare the Tabbouleh:**
   - In a large bowl, combine parsley, mint, tomatoes, cucumbers, and soaked bulgar wheat.
2. **Dress the Salad:**
   - In a small bowl, whisk together lemon juice, olive oil, salt, and pepper. Pour over the salad and toss well.
3. **Serve:**
   - Serve chilled or at room temperature as a refreshing side dish.

Harcha (Semolina Flatbread)

Ingredients:

- **Semolina**
- **Flour**
- **Baking powder**
- **Salt**
- **Butter** (melted)
- **Warm water**

Instructions:

1. **Prepare the Dough:**

    - In a bowl, combine semolina, flour, baking powder, and salt. Add melted butter and mix. Gradually add warm water until a soft dough forms.

2. **Shape the Dough:**

    - Divide the dough into small balls and flatten into thick rounds.

3. **Cook the Flatbread:**

    - Heat a griddle or skillet over medium heat. Cook the flatbread for about 5 minutes on each side until golden brown.

4. **Serve:**

    - Serve warm with honey or jam.

Couscous with Lamb and Vegetables

Ingredients:

- **Couscous**
- **Lamb** (cut into chunks)
- **Carrots** (sliced)
- **Zucchini** (sliced)
- **Onions** (chopped)
- **Tomatoes** (diced)
- **Garlic** (minced)
- **Cumin powder**
- **Paprika**
- **Cilantro** (chopped)
- **Olive oil**
- **Salt and pepper**

Instructions:

1. **Cook the Lamb:**
   - Heat olive oil in a large pot, brown the lamb chunks, and set aside. Sauté onions and garlic in the same pot until soft.
2. **Simmer the Stew:**
   - Add tomatoes, carrots, zucchini, cumin, paprika, and enough water to cover. Simmer for 1 hour until the lamb is tender.
3. **Prepare the Couscous:**
   - Cook couscous according to package instructions.
4. **Serve:**
   - Serve the stew over couscous and garnish with cilantro.

Moroccan Chicken Stew

Ingredients:

- **Chicken thighs** (bone-in)
- **Onions** (chopped)
- **Garlic** (minced)
- **Ginger powder**
- **Turmeric powder**
- **Cinnamon stick**
- **Olives** (green or black)
- **Lemon slices**
- **Cilantro** (chopped)
- **Olive oil**
- **Salt and pepper**

Instructions:

1. **Prepare the Chicken:**

    - Heat olive oil in a large pot and brown the chicken thighs. Remove and set aside.

2. **Cook the Stew:**

    - Sauté onions and garlic in the same pot, adding ginger, turmeric, cinnamon, salt, and pepper. Add the chicken back to the pot and enough water to cover. Simmer for 40 minutes.

3. **Add Olives and Lemons:**

    - Add olives and lemon slices, and simmer for an additional 10 minutes.

4. **Serve:**

    - Garnish with chopped cilantro and serve with couscous.

Makroud (Date-filled Semolina Pastry)

Ingredients:

- **Semolina**
- **Butter** (melted)
- **Dates** (pitted and mashed)
- **Almonds** (ground)
- Honey
- Cinnamon powder
- Sugar
- Water

Instructions:

1. **Prepare the Dough:**

    - Combine semolina, butter, and a little water to form a dough. Let it rest.

2. **Prepare the Filling:**

    - Mash the dates and mix with ground almonds, cinnamon, and a little sugar.

3. **Assemble the Makroud:**

    - Roll the dough into a thin sheet, place the filling in the center, and fold the dough over. Cut into diamond shapes.

4. **Fry the Makroud:**

    - Fry the pastries in hot oil until golden and crispy. Drain and dip in warm honey.

5. **Serve:**

    - Let cool before serving.

Fish Tagine with Tomatoes and Spices

Ingredients:

- **White fish fillets** (such as cod or tilapia)
- **Tomatoes** (diced)
- **Onions** (chopped)
- **Garlic** (minced)
- **Cumin powder**
- **Paprika**
- **Turmeric powder**
- **Cilantro** (chopped)
- **Olives** (green or black)
- **Lemon** (sliced)
- **Olive oil**
- **Salt and pepper**

Instructions:

1. **Prepare the Base:**

   - In a tagine or large pot, heat olive oil and sauté onions and garlic until soft. Add tomatoes, cumin, paprika, turmeric, salt, and pepper. Cook for 10 minutes until the tomatoes break down.

2. **Add the Fish:**

   - Season the fish fillets with salt, pepper, and a little cumin. Place them gently in the tagine, covering them with the tomato mixture.

3. **Simmer:**

   - Cover and cook for 15-20 minutes until the fish is cooked through.

4. **Garnish:**

   - Add olives, lemon slices, and fresh cilantro on top.

5. **Serve:**

   - Serve the fish tagine with couscous or bread.

Shakshuka (Eggs in Spicy Tomato Sauce)

Ingredients:

- **Tomatoes** (diced)
- **Onions** (chopped)
- **Garlic** (minced)
- **Bell peppers** (chopped)
- **Cumin powder**
- **Paprika**
- **Chili flakes** (optional)
- **Eggs**
- **Olive oil**
- **Salt and pepper**
- **Cilantro** (chopped)

Instructions:

1. **Prepare the Sauce:**
   - Heat olive oil in a skillet, and sauté onions, garlic, and bell peppers until soft. Add tomatoes, cumin, paprika, chili flakes (if using), salt, and pepper. Simmer for 15 minutes until the sauce thickens.
2. **Cook the Eggs:**
   - Make little wells in the sauce and crack eggs into each well. Cover the skillet and cook for 5-7 minutes, or until the eggs are cooked to your desired doneness.
3. **Garnish:**
   - Garnish with fresh cilantro.
4. **Serve:**
   - Serve with warm pita or crusty bread.

Moroccan Meat Pie

Ingredients:

- **Ground beef or lamb**
- **Onions** (chopped)
- **Garlic** (minced)
- **Raisins**
- **Cinnamon powder**
- **Ginger powder**
- **Paprika**
- **Cumin powder**
- **Phyllo dough**
- **Olive oil**
- **Eggs** (beaten, for glazing)
- **Salt and pepper**

Instructions:

1. **Prepare the Filling:**

    - In a large pan, heat olive oil and sauté onions and garlic until soft. Add the ground meat and cook until browned. Add raisins, cinnamon, ginger, paprika, cumin, salt, and pepper. Cook for 5 minutes. Remove from heat and let it cool.

2. **Assemble the Pie:**

    - Lay phyllo dough sheets in a baking dish, brushing each with olive oil. Add the meat filling and cover with more phyllo dough.

3. **Bake:**

    - Brush the top with beaten egg for a golden finish. Bake in a preheated oven at 375°F (190°C) for 30-35 minutes until golden and crispy.

4. **Serve:**

    - Serve warm, cut into slices.

Pigeon Pastilla

Ingredients:

- **Pigeon or chicken** (cooked and shredded)
- **Onions** (chopped)
- **Almonds** (toasted and chopped)
- **Cinnamon powder**
- **Sugar**
- **Raisins**
- **Eggs** (whisked)
- **Phyllo dough**
- **Olive oil**
- **Salt and pepper**

Instructions:

1. **Prepare the Filling:**

    - In a pan, sauté onions in olive oil until soft. Add the shredded pigeon or chicken, cinnamon, sugar, raisins, and a pinch of salt and pepper. Cook for a few minutes, then stir in the whisked eggs and cook until the eggs are set.

2. **Assemble the Pastilla:**

    - Layer phyllo dough sheets in a round dish, brushing each with olive oil. Add the filling, and then cover with more phyllo dough. Brush the top with more olive oil.

3. **Bake:**

    - Bake in a preheated oven at 375°F (190°C) for 25-30 minutes until golden and crisp.

4. **Serve:**

    - Dust with powdered sugar and cinnamon before serving.

Mint Tea (Moroccan Style)

Ingredients:

- **Green tea leaves**
- **Fresh mint leaves** (a handful)
- **Sugar** (to taste)
- **Boiling water**

Instructions:

1. **Brew the Tea:**

    - In a teapot, add green tea leaves and pour in a little boiling water to rinse them. Discard the water.

2. **Add Mint and Sugar:**

    - Add fresh mint leaves and sugar to the teapot. Pour in the boiling water, and let it steep for 5-10 minutes.

3. **Serve:**

    - Pour the tea into glasses, ensuring that the mint leaves are well infused.

Baked Sweet Potatoes with Honey and Cinnamon

Ingredients:

- **Sweet potatoes** (washed and halved)
- **Honey**
- **Cinnamon powder**
- **Olive oil**
- **Salt**

Instructions:

1. **Prepare the Potatoes:**

    - Preheat your oven to 400°F (200°C). Drizzle olive oil over the sweet potatoes and season with salt. Place them on a baking sheet.

2. **Bake:**

    - Roast in the oven for 30-40 minutes until tender.

3. **Finish:**

    - Drizzle with honey and sprinkle with cinnamon before serving.

Couscous with Chicken and Carrots

Ingredients:

- **Couscous**
- **Chicken thighs** (bone-in)
- **Carrots** (sliced)
- **Onions** (chopped)
- **Cinnamon stick**
- **Ginger powder**
- **Cumin powder**
- **Turmeric powder**
- **Olive oil**
- **Salt and pepper**

Instructions:

1. **Cook the Chicken:**

    - Heat olive oil in a large pot and brown the chicken thighs. Remove and set aside.

2. **Prepare the Vegetables:**

    - In the same pot, sauté onions and carrots. Add the spices (cinnamon, cumin, turmeric, ginger), salt, and pepper, and cook for 2 minutes.

3. **Simmer:**

    - Add water and return the chicken to the pot. Simmer for 30-40 minutes until the chicken is cooked through.

4. **Prepare the Couscous:**

    - Cook couscous according to package instructions.

5. **Serve:**

    - Serve the chicken and vegetables over the couscous.

Olive Salad

Ingredients:

- **Green olives** (pitted)
- **Black olives** (pitted)
- **Red onion** (thinly sliced)
- **Cucumbers** (sliced)
- **Tomatoes** (diced)
- **Fresh parsley** (chopped)
- **Lemon juice**
- **Olive oil**
- **Salt and pepper**

Instructions:

1. **Prepare the Salad:**

    - In a large bowl, combine olives, onions, cucumbers, tomatoes, and parsley.

2. **Dress the Salad:**

    - Drizzle with olive oil, lemon juice, salt, and pepper. Toss well.

3. **Serve:**

    - Serve immediately or refrigerate for 30 minutes for the flavors to meld.

Moroccan Lentil Soup

Ingredients:

- **Lentils** (rinsed)
- **Carrots** (chopped)
- **Onions** (chopped)
- **Tomatoes** (diced)
- **Garlic** (minced)
- **Cumin powder**
- **Paprika**
- **Coriander powder**
- **Cinnamon stick**
- **Olive oil**
- **Salt and pepper**
- **Lemon juice**

Instructions:

1. **Prepare the Soup Base:**

    - In a large pot, heat olive oil and sauté onions and garlic until soft. Add carrots, tomatoes, cumin, paprika, coriander, cinnamon stick, salt, and pepper. Cook for 5 minutes.

2. **Simmer the Soup:**

    - Add lentils and enough water to cover. Bring to a boil, then reduce the heat and simmer for 30-40 minutes until the lentils are tender.

3. **Finish the Soup:**

    - Remove the cinnamon stick and add a squeeze of lemon juice.

4. **Serve:**

    - Serve hot with bread or couscous.

www.ingramcontent.com/pod-product-compliance
Lightning Source LLC
LaVergne TN
LVHW081337060526
838201LV00055B/2703